मेरी दुनिया के ईश्वर

अरुणाभ सौरभ

प्रभाकर प्रकाशन

ISBN: 978-93-56821-56-9
eISBN: 978-93-56821-57-6

प्रकाशकः प्रभाकर प्रकाशन
प्लॉट नं.-55, मेन मदर डेयरी रोड
पांडव नगर, ईस्ट दिल्ली-110092
फोनः 011-40395855
व्हाट्स ऐपः +91 8368220032
ई-मेलः sales@pharosbooks.in
वेबसाइटः www.prabhakarprakashan.com

प्रथम संस्करणः 2023

मुद्रकः सुषमा बुक बाइंडिंग हाउस, ओखला इंडस्ट्रियल
एरिया फेस-II, नई दिल्ली-110020

मेरी दुनिया के ईश्वर
अरुणाभ सौरभ

मेरी एक दुनिया है
जहाँ ईश्वर की उपस्थिति
चहुँओर बताई गई है
मेरी दुनिया को सँवारने-निखारने की जवाबदेही
मनुष्य की नहीं
ईश्वर की है
कई ईश्वर उभरकर आ रहे रोज़-रोज़

इस कविता में
मैं हूँ
मेरी दुनिया है
और मेरा ईश्वर
बहुवचन में...

मेरी दुनिया के ईश्वर

कविता क्रम

बारिश या पुण्यवर्षा

धरती पर गिरती
बूँदें बारिश की
छोटी-छोटी
ये बूँद-बूँद गोलाइयाँ
धरती को चुंबन है
आकाश का
या धरती से
आकाश के
मिलने का सबूत
या प्यार है
मर मिटनेवाला
या प्यार की
सिफ़ारिश

ये बारिश है
या हृदय के
भीतर की

बची हुई करुणा
हमारे भीतर की
बची हुई मनुष्यता
पितरों के
पुण्य की
पुष्पवर्षा

इसी के सहारे
जीते हैं हम
इसे देखकर
जवान होते हैं

***

रात

साँझ के
गेरुआ बादल और
नम रोशनी में
तिरछी होती जा रही रात अँधेरी
धीरे-धीरे

रातें महज डरावनी नहीं
ख़ूबसूरत भी होती है

गाँव में
जल्दी सो जाते हैं लोग
रात होने से पहले
खाट के नीचे
लोटा भर पानी
रखती थी अम्मा

रात सिर्फ़
मेरी कमजोरी ही नहीं

मेरी मजबूती का
नाम है
मेरे देवता का नहीं
दुश्मनों का
बसेरा भी
रात है

***

रात -2

रातें जवान होती हैं
मेरे साथ-साथ
समुंदर किनारे की रात
पहाड़ के नीचे से
झिलमिलाती रोशनी की रात
रेगिस्तान की सुनहली
बवंडर मचाती रात
जंगल में काँपते
पेड़ों के बीच
अंधेरी होती रात
नदी किनारे की
रेतीली मटमैली रात
झील किनारे की
नि:शब्द रात

रात कामना में
मोक्ष्य की
निर्दोष कोशिश है...

***

दृश्य-अदृश्य

किसी बात की
हामी भरता है
कोई कवि-कलाकार
कोई मजदूर मर जाता है
सीवर में दम घुटकर
गटर साफ करने के दौरान
हर तरफ़ होती है
मुआवजे की घोषणा

इस दृश्य को
जिसने कैमरे में कैद किया
वो पत्रकार पुरस्कृत
इस पर कविता लिखनेवाला
कवि पुरस्कृत
और परिवार जनों तक
नहीं पहुँची है अब तक
गटर में सड़ रही
उस मजदूर की लाश

घटनाएँ धरी रह गईं
आभासी दुनियाँ बंदरबाँट में
लग गई
जो नहीं जान पाया
इस खेल को वो
जान से
हाथ धो बैठा

कैमरे से आवाज़ आती रही
क्लिक... क्लिक
क्लिक...

***

आग की फ़िक्र में

जीवन से प्राप्त
असंख्य—उर्जा-ताप
और विद्रोह
और धधक कर जाग जाए
मेरे भीतर की
सुसुप्त ज्वालामुखी

धाह से धधककर
फट जाए
लावा-लावा
आँखों की दहकती आग
मेरे अंतस में एकत्र
विष अपमान के और
मृत्यु का आसन्न भय

चंद रोशनी के लिए
दहक जाना ज़रूरी है
अंधकार विभ्रम के

घुप्प अंधेरी रात को
चीरने के लिए
इस दुनिया को
रोशनी देने के लिए
मेरा दहकना-जलना
धधकना
ज़रूरी है
लावा-लावा फूटना
ज़रूरी है

जैसे ज़रूरी है
हवा का बहना
विदा करने के लिए
किसी का हाथ लहराना
जैसे ज़रूरी है
बच्चे की काली स्लेट पर
सफेद खड़या से लिखना
पहला आखर

गुनगुने प्यार में
इंतज़ार करना
भीनी-सी हँसी हँसना या
बच्चे की मुस्कान-सा मोहक
ज़रूरी है इंसानों के लिए
किताबों का बचे रहना

ज़रूरी है
मेरा और मेरे साथियों का
दहकना-धधकना
चट-चट-धू-धू कर जलना

लावा-लावा फूटना
ज्वालामुखी बन धरती पर
ओलिपसमेसी बन
मंगल ग्रह पर
फट जाना बेहद ज़रूरी है
ज़रूरी है
दुनिया के लिए
आग और ताप...

***

नेपथ्य में गतिमान

पेड़ों की ओट से
झाँकता सूरज सुबह का
दूर टावर के नीचे
झुका हुआ
अपनी दिनचर्या सँभालता

दूर कहीं आकाश से
गाते-गाते थककर
पेड़ पर लगे घोंसले में
लौटती चिड़ियाँ

टूट-टूटकर झर रहे
पीपल के पत्ते
प्रेमी जोड़े ने
लिखकर उसपर
अपना नाम
दिल पर रखकर हाथ
मन्नतें माँगी हो

पत्तों की खड़खड़ से
सिहरन होती
दिल के भीतर
हवा कानों में
आकर फूँकती है मंत्र
चिरयुवा होने के लिए
हर नायक-नायिका
नेपथ्य से आकर
शुरू करते है
कोई कथा-कहानी

***

तुलनात्मक

जिसके क्रोध से
काँप उठते थे विधाता
जिसके अपाणवायु से
त्रस्त था भूमंडल
जिसके पाप के आगे
नतमस्तक दुष्ट-खलु
प्राणों की भीख माँगते

जिसके अन्याय से
आतंकित था ब्रह्माण्ड
अज्ञान से सिर
धुनकर बैठ जाते
गुनीजन

सर हिला हिलाकर जो
अपने बॉस के
बच्चों की ब्रेड में
मक्खन लगाता था

और दुम हिलाकर
खड़ा रहता था
जीहुज़ूरी में

वह कोई और नहीं
संसार का लीचड़तम
प्राणी वही
मेरा बॉस था
जो बहुत
गया गुजरा था
बॉस था मेरा...

***

पहचान का सबूत

छाप गहरी अपनी
छोड़ न पाया
तो
अजनबी शहरी
बनकर
जुटा लूँगा
कुछ पहचान-पत्र
और
रंग-बिरंगे कार्ड
अपने पास

छोड़कर अपना
गाँव देस-कोस
उस अजनबी शहर में
ढेर सारी नयी पहचान
के बीच
निहायत अकेला

जी लूँगा
नये पहचान-पत्रों के साथ

मेरी पहचान का सबूत
महज कुछ कार्ड हैं
जो मेरी जेब में
कसमसाता है
और मेरा एक
फोन नंबर जो
मेरी पहचान का
सबूत देता है
और हर ज़रूरी
काम-काज के लिए
वक्त-बेवक्त
बजता रहता है
रिंगटोन...

***

अंधेरी रात के मानींद मन

जिस रात
दिये की लौ से
जगमग नहायी हो
रात
मेरे भीतर
तभी उभरता है
गुबार अंधेरे का
तेजी से

मेरे भीतर
अंधेरी गुफा के मानींद
एक उदास कोना
रिसता है
भीगता है
टपकता है
बूँद-बूँद पानी
ख़्वाब और अनुभूतियाँ के

अकेला बावरा
भटका हुआ कवि-मन
कविता में दर्ज़ हो जाता है
बंद कमरे के एकांत कोने से
जिये जाने तक...

***

कविते

चलना-फिरना
उठना-बैठना
सीखा हमने इतना
कविते जीना तुम सिखलाना

रोटी-पानी और वजह से
चलता रहता है अपना
जगत सारा
अपना सपना
जीना रहना
साथ निभाना
मुक्ति देना
कारा तोड़ना
प्यार जोड़ना
कविते थोड़ा और दिलाना

न सिखलाती आपाधापी
जाति-धर्म की चालाकी

दुनियावी हालात पगलाती
मुझे मोहती बाट जोहती
कविते मुझको और जिलाना

द्रुतविलम्बित तान छेड़ती
जीवन की गति में
धड़कन की धक-धक में
वासना में
कामना में
चाहत में
आहट में
आवेग में
संवेग में
संवेद में

कोमल वेग में

आवाज़ की लय में
मिजाज़ के जय में
ईश्वर की नहीं
अपनी ही सही
कविता की ज़रूरत
कण-कण में है।

***

उत्प्लावन

जब अपने आस-पास लोग
दुनिया छोड़ रहे हो
कविता नहीं निकलती
हमारे दुःखों पर मलहम लगाने
अपनों की लाश को कंधा देने
अपनों के लिए
दवाई-अस्पताल और
किसी चीज़ की
ज़रूरत पूरी करने
कविता नहीं आती

कविता नहीं आ सकती
जले पर नमक छिड़कने
भावनाओं को भड़काने
हमें उन्माद में ले जाने के लिए
नहीं आती है—कविता।

कविता आती है
अमन-चैन और शांति के बीच
कभी शांत जल में विक्षोभ-सी
कभी पानी के भीतर
बल उत्प्लावन-सी

2

सतह से उठती चीज़ें
सतह पर नहीं लौटती
न लौटती है उनकी यादें
न घाट-सीढ़ियाँ
न पानी
सतह से पानी के भीतर
उठती हैं चीज़ें
उत्प्लावन बल के कारण

3

स्कूल के किसी क्लास में
विज्ञान के मास्टर जी ने सिखाया था
तरल में आंशिक या पूर्ण रूप से डूबी वस्तु पर
ऊपर की ओर लगने वाला बल उत्प्लावन है
नावों, जलयानों, गुब्बारों आदि के लिए
उत्प्लावन बल लगता है
इसकी खोज
जिस वैज्ञानिक ने की वह
इटली के सेराक्यूस की सड़कों पर
नंगे पाँव भागता रहा
सेराक्यूस की सड़कों पर भागता हुआ
आर्किमिडीज़ कराह रहा है।

4

सेराक्यूस की घेराबंदी के दौरान
एक रोमन सैनिक ने
की थी
उस महान
गणितज्ञ और वैज्ञानिक की हत्या

जो कई सिद्धांतों का
जनक था
आर्किमिडिज़ मारा गया
और जिन्दा रही उनकी खोज
जिन्दा रहे उनके सिद्धांत
और शरीर से नहीं
सिद्धांतों से अमर
हो गया आर्किमिडिज़।

उस रोमन सैनिक ने
अपने राज्य की वफादारी के लिए
जिस आर्किमिडिज़ को मारा
उसे कौन जानता है...?

***

उमरिया बीती जाए

बेरंग होती सारी कहानी
छायीं चहुँओर वीरानी
मतवाली फितरत चाहत अनजानी
उमरिया बीती जाए

काजल से कारी-कारी रतियाँ
बादल से भीगी-भीगी बतियाँ
महकी दिशाओं में
दूर फिज़ाओं में

दो नैनों की भाषा डोले
बतिया बनत बोले
उमरिया बीती जाए

चाँद-चकोरी-परियों की रातें
हौले-हौले होती बातें
कुछ कहासुनी

कुछ मनमानी
कुछ बेगानी

हरियाली जुलुम कर जाए
टीस-दरद बढ़ता जाए
मादकता की बात बेजानी
छुअन पहचानी आहट ईमानी
उमरिया बीती जाए...

***

खीझ

मुझे ख़ुद पर
भारी खीझ है
इस देश को
मेरी ज़रूरत थी
और मैंने कुछ खास नहीं किया
न कहीं राज-पाट सँभाला
न सत्ता पर राज
न किसी के दिल पर
न जाति-धर्म की राजनीति कर सका
न ज़िंदगी और मौत के सौदागरों
को हरा सका

मुझे खीझ है कि
इस देश का अदना-सा नागरिक
भर रह पाया
देश को लुटने दे दिया
और तबतलक चुप रहा

जबतलक मेरे प्यारे देश को
भूनकर-पकाकर
तश्तरियों में सजा रहे थे
वे लोग नाश्ते के लिए
और देशभक्ति का सबूत नागरिकों से माँग रहे थे
और मैं चुप था

मुझे खीझ है
कि मैं सिर्फ़
खीझकर रह गया
और लुटता-पिटता-बिखरता
रहा मेरा प्यारा-सा देश

***

गुरुत्वाकर्षण

यह जो मैं खिंच रहा हूँ
तुम्हारी तरफ़
रोज़-रोज़ ज़्यादा
एक गुरुत्वाकर्षण बल है
जिससे खिंचते चले आ रहे हैं हम
हमारे बीच में
न्यूटन के तीनों गति नियम है
और एक गुरुत्वाकर्षण
जिससे होंठों की तरफ़
खिंचते चले आ रहे हों होंठ

कानों की तल्ली में
काटने को
बढ़ रहे मेरे दाँत
बाँहों में भरने को
खिंच जाते हो बाँह
और हाथ

कमर पर
अपने आप
हमारे बीच में
जो प्यार है
और प्यार का चरम
उसमें सिर्फ़ गुरुत्वाकर्षण
और तुम्हारा
अम्ल,
क्षार और
लवण।

***

सपना जो सिर्फ़ सपना ही है

झील का किनारा
बहती हवाओं की सरसराहट
पहाड़ी का कोना
भागते लोगों के जूतों की धप-धप

कई इंतज़ार
पत्थरों पर बैठ
कई युगल
और मैं
तुम्हारी आँखों को पढ़ने में मशग़ूल

कि हमारे बीच
कोई कहन-सुनन नहीं
न कोई नामी रिश्ते
न कोई पुरानी पहचान
न कोई उद्देश्य

फिर भी हम थे
बिन इच्छा के
कि हमारा मिलना-जुलना भी
कोई शाश्वत मिलन नहीं

***

पिता होना

उसके हाथ
फूल से कोमल
छोटी-छोटी अंगुलियाँ
जब मेरी छाती के बालों को
करती है स्पर्श
समझता हूँ
पिता होना कितना कोमल स्पर्श है

लार मिश्रित होंठ से
चूमकर लार बूँदें
मेरे गालों पर पसरती है
समझता हूँ
जादुई चुंबन है
पिता होना

कनखियों से उसका ताकना
और फिर छोटी-छोटी आँखों से
अहर्निश देखना

फिर अचानक
हँस देना
तब समझता हूँ
दुनिया का
एक अनमोल संवाद है
पिता होना

***

देश हो तुम

मैं तुम्हारी कोख से नहीं
तुम्हारी देह के मैल से
उत्पन्न हुआ हूँ
भारतमाता
विघ्नहर्ता नहीं बना सकती माँ तुम
पर इतनी शक्ति दो कि
भय-भूख से
मुक्ति का रास्ता खोज सकूँ
बुद्ध-सी करुणा देकर
संसार में अहिंसा-शांति-त्याग
की स्थापना हो

मैं तुम्हारा हनु
पवन पुत्र
मेरी भुजाओं को वज्र शक्ति से भर दो
कि संभव रहे कुछ

अमरत्व और पूजा नहीं
हमें दे दो अनथक कर्म
निर्भीक शक्ति से
बोलने की
स्वायत्ता सोचने की
सच्चाई लिखने की
सुनने की

दुःखित-दुर्बल जन मुक्ति
गुनने-बुनने की शक्ति
गढ़ने-रचने-बढ़ने की
सहने-कहने-सुनने की
कर्मरत रहने की
निर्दोष कोशिश करने की
दमन मुक्त रहने की
जमके जीने की
नित सृजनरत रहने की
शक्ति... शक्ति...

2

तुम्हारी मिट्टी के कण-कण से बना
तुमने मुझे नहलाया, सींचा—सँवारा
तुम्हारी भाषा ने जगाकर
मेरे भीतर सुप्त-ताप
उसी पर चूल्हा जोड़कर
पके भात को खाकर
जवान हुआ हूँ मैं

नीले आकाश को
अपनी छत समझकर
तिसपर धमाचौकड़ी मचाते हुए
दुधियायी रोशनी से भरा चाँद है
मेरे भीतर की रोशनी

धरती से, जल से
आग से, हवा से, आकाश से
बना है, मेरा जीवन
देश हो तुम
मेरी सिहरन
मेरी गुदगुदी
आँसू-खून-भूख-प्यास सब।

***

विज्ञान और प्रेम

लोगों ने कहा कि
दुनिया जिस मुकाम पर खड़ी है आज
युद्ध के मुहाने पर
टैंक और तोप की तैनाती
जंगी बेड़े और फ़ौज की
यह राष्ट्रवाद नहीं
विज्ञान का चरम अभिशाप
एटमी युद्ध के बाद
आज जैविक युद्ध
हम अभिशप्त
इस युद्ध में
जाने को

पर हमारे बीच
बहता है विज्ञान
प्यार करने को आतुर
वही विज्ञान जो महज

युद्ध नहीं सिखाता
प्यार करना भी सिखाता है

2

कई-कई रात जागने के बाद
पैदा होती है—एक कविता
या कि रातों के अंधियारे में
अनगिनत थकान
अनथक यात्रा से
दर्द से कड़कड़ाता जिस्म
और उसमें कई पुरानी यादें
और उनके कुछ मिठास
आँखों में भरी नमी
और होंठों पर जीभ घुमाकर
लगे नमकीन स्वाद

और सूखते कंठ से
पैदा होती है कविता
डर, संशय, अनिद्रा
तनाव और दिमाग पर
लगातार भार देने से
पैदा होती है कविता
कवि मूलतः वैज्ञानिक होता है

असुरक्षित जीवन के बीच
पल-पल पनपते गहन संदेह
उसकी खोह में
भटकता एक बावरा मन
ख़ुद में टूट-टूटकर
कई बार

कोई-सूत्र खोजता
अपने होने का सबूत ढूँढ़ता

हकीकत और कमीनगी का कड़वा स्वाद
पीता-पीता और पीता
ख़ुद में टूट कर
बिखरकर
कई-कई बार
खोजता अपने भीतर का मानुस
जिसको विश्वास है कि
दुनिया बदलेगी
पहले से ज़्यादा
ख़ूबसूरत बनेगी।

***

कविता की ज़रूरत

कंधे के नीचे से
हाथों के बल
सर ऊपर किए
कोई आकृति
जिसे देखने को
बेचैन हमारा मन
बेचैनी में धँसकर
द्रुत धड़कनों में
विलम्बित साँसें

साँसों की भाषा में
कविता
जीवन की गति में
कविता

दुनिया के कण-कण में
कविता
हमारी दुनिया को
ईश्वर की नहीं
कविता की जरूरत है...

***

सलाहियत

भावनाओं के तूफानों में
इतना उड़ गया कि
अब भावुकता से ऊबकर
दिल के रास्ते
सोचना बन्द कर चुका हूँ
दिल का काम भी
महज खून को आगे-पीछे

ऊपर-नीचे करना है
मेरी भावना और
करुणा और प्रेम
जो तुम्हारे लिए मात्र बची थी
उसे तुमने ख़ुद-से
इतना दूर कर दिया कि
अब महज दिमाग से

सोचता हूँ
दिल की तो सुनता भी नहीं

पर कुछ बचा है
शायद उसपर भी मैं
कर लूँ नियंत्रण
अभी मैं थोड़ा जीना चाहता हूँ
कुछ और बहुत कुछ बचा है
बहुत सारे काम हैं
बहुत-सारी चीजें बची हैं

इतना नियंत्रण किया है
मन पर-तन पर-इच्छाओं पर
कि तुमसे अरूचि हो जाए
यह भी संभव

ख़ुद किया है
अपनी जिद में
तुमने मुझे ख़ुद-से दूर
तुम्हारा होकर भी
अब तुम्हारा नहीं हो पाऊँगा

जियो अपनी ज़िंदगी
जियो अपनी सुबह—अपनी शाम
वैसे भी तुम्हारी कोई सुबह
कोई शाम मेरी नहीं थी।

***

जंगल जिसे कमीज की तरह

उस जंगल को
जिस जंगल ने
हमको खूब गढ़ा है

कुल्हाड़ी जिसको
देखते ही पेड़ को
जान और जहान
दोनों से जाने का डर
और सुनहरी धरती को
हरे होने का एहसास
कराता जंगल

जंगल जिसको रोज़ हटाकर
रोज़ काटकर
धीरे-धीरे
बसते जाते
नगर-उपनगर

जंगल पहनकर
कमीज की तरह
अब निकलने के लिए
दूर कहीं

जंगल सफारी करते वक्त
खोजने का और
देखने को बाघ
घूमते-घूमते
भोर-साँझ-रात

बाघ न मिले तो
हिरण-बारहसिंघा-सियार-भालू
देखकर लौटना

जंगल को जंगल की
तरह होना—देखना चाहिए
कमीज की तरह
या अपनी देह की

***

मेरी दुनिया के ईश्वर

और टेलीविज़न के सीरियल से
सिनेमा के रुपहले पर्दे पर
शान से विराजने वाले
मेरी दुनिया के ईश्वर
अब वहाँ से निकलकर
राजनीति पढ़कर
हमें पढ़ाने निकल पड़े हैं
धर्म और राजनीति का सुंदर पाठ

इस कविता में
मैं हूँ मेरी दुनिया है
चाहे यहाँ झूठ है
फरेब है
मक्कारी है
मगर एक दुनिया है
और है एक ईश्वर
जिनकी उपस्थिति चहुँओर

बताई गई है
मेरी दुनिया के ईश्वर
सामूहिक नरसंहार पर
चुप रहने का समय है
किसी महामारी में
लाशों में जान फूँकने का
सही समय नहीं यह

इतना लिजलिजापन
इतनी बेशर्मी
इतनी कमीनगी
से भरी है मेरी दुनिया

हमारी दुनिया में
हमारे लोगों से
परेशान होकर
अपनी दुनिया में चले गए
अपने-अपने धर्मों के ईश्वर

इंसानों से
इंसानी हरकतों से
बहुत ज़्यादा
आहत हुआ
डरकर सहमकर
परेशान होकर
हम सबसे बिछुड़ गया है
ईश्वर...

भूखी-प्यासी-लुटी-पिटी दुनिया की
प्यास बुझाने निकला था

स्वर्गलोक और बैकुंठ में
विराजने वाले ईश्वर

हमारे संसार की
टुच्चई और नंगई से
अबतक अपरिचित था
उन्हें कहाँ फँसना
रेल-डाक-संचार-बिजली-
वित्त-विदेश-गृह-रक्षा
स्वास्थ्य-कृषि-रोज़गार-कानून
विभागों की अबूझ फाइलों में
इनमें उलझकर गुम हो जायेंगे
दुनिया के ईश्वर

2
जहाँ योगी-भोगी-रोगी
पंडा-व्रती-सन्यासी
दर्शनार्थी खड़े थे कतारों में
मंदिरों में
हमारी सुनने वाला एक ईश्वर ही था
कोई आला अफसर-मंत्री-महाजन
क्या ही सुनेंगे

हम अपनी दुनिया में
जड़ों से कटे-उखड़े लोग
जिनकी परछाइयों से काँपता है—यमराज
प्रेतकाया हमारी काया है
इस काया को ले जाने में
अक्षम हैं यमदूत

हमारी दीन-दुनिया
बेकार-बेरोज़गार-फालतू
लोगों-से भरी हुई
बड़ी-सी दुनिया है
जिसे देखने
मंदिरों के गर्भ-गुहाओं से
अपने कक्ष का पट्ट खोलकर
बाहर नहीं निकल सकते ईश्वर
हमसे ऊबकर-पककर गए
चट गए-ईश्वर
बंद करके अपना कपाट

3
स्याह रातों में
मीरे दुनिया की ख़िदमत में
शहंशाह-सलामत
अपने हर वज़ीर संग
तशरीफ ला रहे है...

जय-जयकार कर रहीं
उनकी अपनी रियाया
उनको लोग
ख़ुदा मान बैठे है
उनके कद्दावर चेहरे की नूर से
हर अंधेरा छँट जाएगा
नामुमकिन मुमकिन में बदल जाएगा
शहंशाह सलामत और
उनके सिपहसालारों को

किसी कौम से परहेज है...
परेशानी भी
वह कौम कोई भी हो
मगर खतरनाक
बताकर उसे प्रताड़ित करेगा
मगर स्याह रातों में
दुनिया का ईश्वर
गहरी नींद में सोया है
उसे जगाना पाप है

जागना हमें मुबारक
रतजगा मुबारक
मुबारक डर...
डर सनी चीख़
और भयावह काली रात
मुबारक
मुबारक ज़िल्लत-ज़ाहिलियत
पशोपेश मुबारक
मुबारक भूख
प्यास और
हक-हुकूक को रौंदता
घर-बार तोड़ता
मशीन मुबारक
और मलवे का ढेर
मुबारक
मेरी दुनिया में
ताकत का बोलबाला हैं
और ताकत का व्यापार
ईश्वर से ज़्यादा

ताकतवर एक
शहंशाह बैठा है
वैसे शहंशाह को
ख़ुदा मानने का
गफ़लत पैदा होना ही
हमारी ग़ुलामी है

4
लोग कहते हैं कि
ख़ुदा-ईश्वर के हाथ में
सबकुछ
वह जो चाहेगा वही होगा

देश के शासन की कमान
और यू.एन. तक की बागडोर
ओपैक-जी-7, जी-11, जी-20
से ऊपर ईश्वर की सत्ता बताई गई
उस सत्ता से हर कोई हार सकता है
उसी के हाथ

धींगामुश्ती नहीं करता
मेरी तरह
पगलेट नहीं है
दुनिया के ईश्वर...

परेशान होकर मेरी तरह
अपना सर नहीं खुजाता
गुस्से में गालियाँ नहीं बकता
हाथ तो नहीं ही उठाता है
ईश्वर

जन्नत में कभी-कभी
पानी बिजली की सप्लाई में गड़बड़ी
हो तो भी
मारपीट नहीं करता
किसी से कहासुनी नहीं करता
चिलचिलाती धूप में
मुसाफ़िर खाने में घंटों
बसों का इंतज़ार नहीं करता

जन्नत-अमरावती
कैलाश-स्वर्ग-बैकुंठ
में विराजने वाले ईश्वर
या किसी दिव्य तीर्थ में
हमारी दुनिया में जिनकी उपस्थिति
सर्वत्र बताई गई हैं

5

भिन्न-भिन्न
देवताओं के पीछे
हम भागते रहते हैं
कामनाग्रस्त
ईश्वर से वरदान
माँगकर
याचना में अनवरत
भक्ति में तल्लीन
अनवरत
परमेश्वर के
उपासक बनकर
ईश्वर को

अपनी बुद्धि के
अनुसार
चलाते रहते हैं
जड़ता-पाखंड और
अहंकार के साथ
न इंद्रियों के द्वारा
ईश्वर की सेवा
ज्ञान-कर्म-बेकार हमारा
भोग-लिप्सा-भोग
सगुण में गुणहीन
विश्वकल्याण में
धर्महीन
सर्वभूत-हितरत
अज्ञानमय वर्तमान
हमारा चित्त
उल्टा लटका है
हमारी भावना में
विद्वेष भरा है
हम पूर्ण में से पूर्ण निकालना
जानते ही नहीं
सिर्फ़ अपूर्ण के फेर में
जीवन काट लेते हैं
अपना संपूर्ण

6

जो बचा था
ईश्वर के भरोसे
जो रह गया
वह भी

ईश्वर के भरोसे
सबसे घटिया-भ्रष्टतम
महान सिद्ध होते रहे
ईमानदारी धेले से

जो नहीं रहा
वो ईश्वर के पास चला गया
जो सुखी है ईश्वर की कृपा से
जो रो रहा है ईश्वर की छाया
उस पर नहीं पड़ रही

दुनिया चौपट होती रही
उजड़ते पेड़-पौधे-जंगल
पहाड़
मलिन होती रही नदियाँ
तालाब-पोखर-झील
सब उजड़ते रहे
हमें आलीशान ईमारतों के
एक खोपचे में
फेंककर माचिस के डब्बे जैसे
फ्लैट में कैद करते रहे
लोग

7

कहते हैं कि
ईश्वर ने सबकुछ दिया
जो सबसे दिया शानदार
वही है—नींद

सोने के लिए
जरूरी है—नींद

जैसे गहरी नींद में सोना
किसी का नींद की बीमारी में चलना
किसी और की अनिद्रा की
बीमारी
नींद से ज़्यादा सोना
आलस में डूबना
अलसुबह जागना
बहुत ज़रूरी है
नींद का जीवन में आना

बहुत ज़रूरी है जागना
पर ज़रूरी है बहुत सोना
कम सोने से बहुत-सी
बीमारी होती है
ऐसा डॉक्टर कहते हैं
ईश्वर सपने में
आकर मिलकर
चले जाते है
जैसे उदास जलपरियों
को मिलता है—मौसम
ईश्वर सपने में
आकर कान में
बहुत कुछ बुदबुदाते हैं

सपने में ही आते हैं
ईश्वर
सपने में ही आ सकते हैं
और सपनों के लिए
ज़रूरी हैं नींद...

8

एक ईश्वर ही है
जिनके डर से काँपती है—
अपनी दुनिया
एक ईश्वर ही है
जिसके भरोसे
सारी बेईमानी, सारा कुकृत्य
छोड़कर होते हैं हम—
आबाद
बेईमानी, अपराध, षडयंत्र
सब कुछ ईश्वर के भरोसे करके
सज़ा न मिलने की दुआ
माँगते हैं
राजा के डर से
धर्मच्युत होने के डर से
पाप के डर से

दरअसल ईश्वर
महज धर्म का नहीं
डर का एक कारोबार बन गया
हमारे लिए
सुना है
दुनिया के कुख्यात सौदागरों ने
खरीद लिया है
ईश्वर का ठौर-ठिकाना
अब ईश्वर
भव्यता के आवरण में
लपेट दिए गए हैं

सौदागरों की खरीद-फ़रोख़्त
और सौदाई में
कहीं गुम हो गई
ख़ुदा की ख़ुदाई

सोने के दाँत
और सोने के चम्मच
सोने की चौखट
सोने की किबाड़ बीच
डरा हुआ
सहमा-सा
परेशान है—हमारा ईश्वर

9
अक्सर बहसों में
काम नहीं आते हैं—ईश्वर
उपदेश की भाषा में नहीं
सलाह में नहीं हकीकत यही है—
बीच बहस में नहीं कूदते हैं—ईश्वर
ईश्वर का इलाका
इंसानों से थोड़ा अलग है
उन इलाकों में
शान्ति खोजता रहता है
ईश्वर
हर रंग में
रंगा हुआ
अपनी नज़रों में गिरा हुआ
नकली दुनिया इंसानों की
यहाँ आकर क्या करेंगे
ईश्वर?

10

यहाँ दुष्टता से
सिद्ध होती है
हमारी भक्ति
साधना में भयानक अज्ञानता है
स्वार्थ और अहंकार में
झूलकर
सकल जगत हमारा
सपने में बौराता है

आत्मज्ञान व्यर्थ
भगवत कार्य व्यर्थ
पूजा-उपासना -प्रार्थना
व्यर्थ
हमारा होना व्यर्थ
किसी के काम आना व्यर्थ
निरर्थक विचार-पथ के
लोग हम

आत्मज्ञान कुछ भी नहीं
भगवत कार्य के लिए
हमारा इस्तेमाल भी
नहीं कर सकते
हमारे ईश्वर
हम किसी के काम नहीं आते
किसी काम के नहीं है
पूजा-उपासना और
प्रार्थना
व्यर्थ है हमारा

11

साँसें चलती रही
तो उसने कहा
ईश्वर है
किसी की साँसें रुक गई
तो लोगों ने कहा कि
वो ईश्वर के पास चला गया

जो बच गया
रह गया
वह ईश्वर के भरोसे है

रहने-बचने-जीने के बीच
एक ईश्वर ही है जिसके भरोसे बहुत कुछ
और सबकुछ

इन सबके बीच
सबसे ज़्यादा
दु:खी-हैरान-परेशान हैं
ईश्वर

ईश्वर की चमक खोने लगी
तो दुनिया चमकदार बनने लगी
लोगों की बेशर्मी बढ़ती गई
और कपड़े चमकदार
झूठ-फरेब-बेईमानी
बढ़ती गई तो
जूते चमकदार
हम सबके दिलों-दिमाग में
कचड़े का पहाड़

मन के भीतर
मक्कारी और ढोंग
ठगी का कारोबार
हम सबका चेहरा
और चमकदार
और चमकदार
और हम सबकी बदनीयत से
ख़ुदा परेशान
हमारे लिए बेहद नाकामी है
ईश्वर का न होना

हमारे कारण
हमारे नहीं होते
हमसे डरने लगे हैं
दुनिया के ईश्वर

***

उच्चाटन

दुनिया को प्रेतबाधा से
मुक्ति के लिए
मैंने उच्चाटन का अभ्यास किया
रोग, दुःख, भय और भूख के
शमन के लिए
मंत्र के साथ और
मंत्र के बिना
मुक्ति के लिए
मैंने अभ्यास किया
उच्चाटन
जो महज तंत्र साधना नहीं है

उच्चाटन दरअसल में
उच्चाटन नहीं था
वह निवारण है
भूतों का साम्राज्य
प्रेतों की पूँजी

उन्मादी पिशाचों का डेरा
देश में हर जगह
इसलिए मैंने
उच्चाटन का अभ्यास किया

जब-जब सत्ता
सम्मोहन करेगी
मारण-मोहन करेगी
तब-तब करेगी कविता
उच्चाटन...
मैं अभ्यास रहूँगा...

***

आत्म

मेरी देह की मिट्टी में
मेरे गाँव की नदी के
पानी का कीचड़
रक्त–मज्जा में घुलती
एक भाषा हैं जो
साँसों की किताब में दर्ज

मैं जब गा रहा हूँ
तो गा रही है धरती
गा रहे हैं बादल
जिन्हें देखकर
मैं भी गा रहा हूँ

मेरी त्वचा ने
सूरज और धूप से
रंग चुराकर भर लिया है
देह के भीतर
और मेरी आत्मा सिक्त है

सूर्य किरण से
धरती से
जल से
आग से
आकाश और हवा से
चन्द्रकिरण से
लहलहाती फसलों से...

***

मुखौटा

मुखौटा लगाकर
नाचता हुआ बच्चा
आकर कहता है कि उसके पास
हर ईश्वर का मुखौटा है

मुखौटा लगाकर
वह किसी भी देवता का
अभिनय कर सकता है
बल्कि बाघ, सिंह और
भालू भी बन सकता है

एक गिद्ध का मुखौटा पहनकर
उसने बोला—जटायु
मुखौटा पहनकर बोला—हनुमान

मुखौटा लगाकर चेहरे छिपाता बच्चा
बड़े होकर
चेहरे से कम

मुखौटे से पहचाना जाएगा
महज मुखौटा

दुनिया के तमाम बच्चों
क्या तुम मुखौटा होना
स्वीकार करोगे
या
तुम्हारा अपना चेहरा
होगा...

***

अनाम गली की अनकही दास्तान

ऊबड़-खाबड़-पथरीली
एक गली दिल्ली की
जिसमें ऊँच-नीच रास्ते
और मकान
और गंदगी बदबू से सने
इस अनाम गली से
अनकहे गुजरो तो
एटीएम मशीन के ठीक सामने
लकड़ी पर काम करते
रामधनी मिस्त्री
अपनी चिकट बनियान-लुंगी और
कमर में गमछा बाँधकर
दनादन रंदा चलाकार
लकड़ी के टुकड़े को
बसुले से छाँट-छाँट कर
आकार देता है

इसी गली में
वेल्डिंग करने वाले हाथों में
एक भी फफोला न हो
और आँखों में वेल्डिंग की चमक
जूता पॉलिश करने वाला
दुनिया चमकाने का
सपना हकीकत में पालता है

बेहद गंदली-पनैली नालियों के ऊपर
बने मकानों में सपने देख रहा
कोई रामधनी
कोई अनवर
कोई बिजुरिया
जिनके सपने बिक रहे
टेलीविज़न पर

तमाम दावे-वादे के बीच
यहाँ वार्निश की गंध
कविता में बिम्ब की तरह है
इसमें वेल्डिंग की चमक
इसमें छेनी-हथौड़े और औजारों
की टन-टन है
इसमें कोई दाई-नौकरानी है
जो साप्ताहिक हाट से
खरीद लेती है
जरूरत का सारा सामान
तब भी
यहाँ गोलगप्पे के
खट्टे पानी का स्वाद है
यहाँ पकौड़े छानते तेजिन्दर हैं

यहाँ आमलेट बेचता
फहीम है

उसके साथ के कई मजदूर
तगाड़ी में मसाला ले जा रहे
और छज्जे तक पहुँचाने के बीच
फिल्मी गीतों को गाकर
महँगाई खत्म होने की कामना में
पान मसाला चबाकर
स्फूर्ति और जोश को दोगुना करते
ईंट ढोते
और दुनिया को ख़ूबसूरत बनाने वाले
सभी मिस्त्री हैं

यहाँ हर घर के कोने में
कोई प्रेम कविता
लिखी जा रही है
बाजार यहाँ मसक्कत है मगर
ज़रूरत की तरह
मौजूद है...

***

खुश करने की कोशिश में

लालच थी लिखने की
न कोई आग्रह
न कोई प्रस्ताव
न कोई संदेश
कोशिश थी तुम्हें खुश कर दूँ
खुश करने की हर कोशिश में
वो हर चीज़ पेश करता
कि ग्लोब पृथ्वी
कम्पास की सुई
ड्राइंग सीट जिनपर
मानचित्र बना दूँगा
मेरी कोशिश फिर नाकाम रही

घर-परिवार-रिश्तेदार
सबको, खुश करना चाहता था
और मैं फिर नाकाम रहा

मेरी कोशिश कायर बनाती रही मुझे
और अंततः मैं किसी को
खुश नहीं कर सका
कविता लिखते-लिखते
मुझे उड़ने की जिद थी
पानी के ऊपर चलने की जिद थी
आसमानों से टकराने की जिद
हिफ़ाज़त की जिद
अपनी धुनों की जिद
अपनी आदतों की जिद
और इतनी जिद ने मुझे जिद्दी और
झक्की बना दिया।

***

दिनचर्या के बरक्स

थकान को उतारकर
आईने के सामने
अपनी शक्ल देखकर
ख़ुद को दोहराकर
हर बार, बारंबार
होती सुबह

भरी दुपहरी
समय चुराकर
तुम्हारी देह के
कैनवास पर जो
रंग भरता उसमें
दोपहर का रंग होता

शाम को
काली डामर वाली सड़कों के ऊपर
उजली पट्टियों के ऊपर
चमकती गाड़ियाँ

जिनमें जा रहे लोग
मुझे प्रेम की तलाश में
जाते दिखते

और तुम आती
पुराने ख़्वाब छोड़कर
तनाव भूलकर
मेरे अंतस में
मचाने को हलचल
सुबह - दोपहर - शाम - रात
कभी तुम आती...

***

उज्जैन

अगड़धत्त-औघड़-अवधूत
साधू के मन असली साधू
असली पानी शिप्रा जितना
दंड-कमंडल-मंडित हस्त
भाँग-घोटा-चिलम में मस्त
धर्मनीति मार्ग प्रशस्त
घूमते-घूमते हो गए पस्त
सूर्य अस्त

बहती है शिप्रा अब
नर्मदा के जल से
हर घाट अब भी जिंदा
घाट के नीचे
पत्थरों के कानों में
बतियाती
कहानी सुनाती है शिप्रा

उसके बहने का इतिहास
वराह मिहिर, धनवंतरी या
कालिदास जानते हैं
या भर्तृहरि
उज्जैन की जो पहचान
वही है शिप्रा

2

वही उज्जैन जो
एक विश्वविद्यालय
एक हरसिद्धि
संदीपनी आश्रम
बड़े-छोटे मंदिर
फव्वारे-घाट और
सीढ़ियों को
सँभाल कर रखा है
यही भूत यही वर्तमान
जय महाकाल
तकियाकलाम

लोगों को आस है
राजा विक्रम फिर आएँगे
फिर आएँगे कालिदास
फिर आएँगे नवरत्न
फिर करवट बदलेगा इतिहास
आस का ही दूसरा नाम है—
उज्जैन

3

उन्हें भी आस है जो
महाकाल का फोटो बेचकर
पानी गैलरी बेचकर
लाल-पीली-सुनहरी चुन्नी बेचकर
धूप-फूल-दोना-प्रसाद बेचकर
बेलपत्र-माला-फूल-मनका-धागा बेचकर
रुद्राक्ष-पोला-चूड़ियाँ-शंखा बेचकर
जीते हैं
दरसअल वही
बचाकर रखते हैं उज्जैन
कुछ शातिर लोग
पूरा का पूरा बेचना चाहते हैं उज्जैन
सरफिरे कवि विचारक
बार-बार उज्जैन में ढूँढ़ते हैं—उज्जैन
देवास और इंदौर
कहीं न मिलता जिनको ठौर

चहुँओर पूजा-पाठ-हवन
आरती-घंटाध्वनि
शंखध्वनि
पंडों से कहासुनी

धर्म का प्रभाव
धारण अर्थ में है तो
उज्जैन धारण करने वाला शहर है
मंदिरों से
इस शहर का हर तंत्र

और पहचान
अगर धर्म मानवता के लिए अफीम है
तो दुनिया का
अत्यंत नशीला शहर है
उज्जैन...

आस का दूसरा नाम ही है—
उज्जैन...

***

नानी की कहानी में देवराज इन्द्र

कठोरतम तप से
किसी साधक को
मिलने लगेगी सिद्धि
तो आपका स्वर्ग सिंहासन
डोल जाएगा देवराज

बचपन में आपसे
नानी की कहानियों में
मिलता रहा हूँ
जवान हुआ तो समझा
कि सबसे सुंदरतम दुनिया की अप्सराएँ
सबसे मादक पेय
और अमरत्व
आपके अधीन
जहाँ प्रवेश अत्यंत कठिन है
मरणोपरांत

पर हरेक हृदय में
स्वर्ग की चाहना-कामना-इच्छा अपार
तिसपर एकक्षत्र राज प्रभो!

नानी को गए बरसों बीत गए
पता नहीं उस स्वर्ग में
बुढ़िया को जगह थोड़ी
मिली कि नहीं
जिसकी हर कहानी में
कमजोर, लाचार और मोहग्रस्त पाया आपको
कि जिसके पास
सबसे विशाल
सुंदरतम दुनिया
कठोरतम अस्त्र हो
वह महानतम कायर होता है

इस एकमात्र बड़ी सीख के लिए
आपको सदैव प्रणाम
इन्द्रदेव!

***

काली के लिए कविता

लाल-लाल जिह्वा
रक्त सनी
होंठों पर उठते फेन आक्रोश के
और काली होती गयी
तुम्हारी नग्न काया

श्यामा/पिण्डश्यामा
काली/महाकाली
खड़गधारिणी-शूलधारिणी
प्रलयमुखी मुण्ड्माल धारिणी चामुण्डे
मुण्डमाल या अक्षमाल
अ'...वण...से...क्ष'...वर्ण...तक
खप्पड़ और काता
और तुम सबसे शक्तिशाली काते के साथ
रक्तकाली-दंतकाली-वामकाली-दहिनकाली
काली-काली-महाकाली
शिव की छाती पर रखे तुम्हारे पैर
दुनिया के सबसे सुंदर पैर हैं

संसार की हर स्त्री
तुम्हारे जैसी होती सबसे शक्तिशाली
तो एकदम अलग होती अपनी ये दुनिया

तुम प्रलय में सृष्टि
सृष्टि का उपसंहार
देवी-माँ-संहारिणी
मेरी माँ बताओ कि
रक्तबीज-चण्ड-मुण्ड और अन्य असुरों का
अपराध क्या था?

कहते हैं जिसने तुम्हें पूजा
वो विद्यापति हो सकता है
या रामकृष्ण देव या विवेकानंद

सूर्यास्त
गोधूलि वेला लोहित आकाश
संध्याकाल के भीतर से
उठती हुई कालिमा
रात होने से पहले
काली-काली रात!

***

तीर्थंकर

परंपराओं के देश में
एक सभ्यता है—
तीर्थंकर
वे जो
आत्मतप से
आत्मज्ञान से
भव सागर पार लगाने वाले तीर्थ रचते
कहलाते हैं तीर्थंकर
जो
क्रोध, अभिमान, छल,
इच्छा, आदि पर विजय दिलाकर
पायाब के रूप में
मानव कष्ट की नदी
को पार कराता है
वह तीर्थंकर
ओ अरिहंत
ओ जिनेन्द्र

हमारी दुनिया में
इतना छल
इतना छद्म
इतनी हिंसा
कि
फिर आओगे
तीर्थंकर?

***

जंतर-मंतर

लाल-दीवारों
और झरोखे पर
सरसराते दिन में
सीढ़ी-सीढ़ी नाप रहे हो
जंतर-मंतर पर
बोल कबूतर

मैंना बोली फुदक-फुदककर
बड़ी ज़ालिम है
जंतर-मंतर
माँगन से कछु मिले ना हियाँ
बताओ किधर चले मियाँ

पूँछ उठाकर भगी गिलहरी
कौवा बोला काँव-काँव
लौट चलो अब अपने गाँव
टिटही बोलीं टीं...टीं...
राजा मंत्री छी...छी

घर-घर माँग रहे वोट
और नए-पुराने नोट

2

झरोखे से झाँके
इतिहास का कोना
जीना चढ़ि ऊँचे हुए
चाँदी और सोना
सूरज डूबन को तैयार
ताड़ पेड़ के दक्खिन पार
पंछी नाचे अपनी ताल
जनता बनी विक्रम बैताल

झाँक लेना
लाल झरोखा
बोल देना गज़ब अनोखा

बच्चे फाँदे बने अनजान
धरने पर बैठे पहलवान...

***

शहर में आत्मा की कातर पुकार

इस रात में
शहर
बालकनी में झूमता है
चाँद टैरिस पर
उतरता है

और फुटपाथ पर सन्नाटा
और रैनबसेरा के खर्राटे की
सामूहिक गूँज
उस बालकनी तक
नहीं जाती

प्रकृति इस रात
मातमपुर्शी के लिए आई है
सज-सँवरकर
यह रात

कई ज़िंदगी और मौत के
सौदा के लिए है
यह रात
नाबदानों की नाकफाड़ू
बदबू के लिए है
यह रात हर अमीरी
हर गरीबी के लिए
अलग-अलग दिखती है

ऐसी हर रात में
छलनी होती है
एक इंसान और एक
कवि की
छाती
गोलियों से नहीं, हकीकत से
क्षत-विछत जिस्म
और
टूटे मन से
वह धोखा और
हत्या और षड्यंत्र
को निहार लेता है
उसकी साँसें महसूस लेती है
खून की गंध
रौंद दी गई उसकी आत्मा
एक कुचली हुई कविता
जिसकी बाँहें मरोड़ दी गई
जिसके गले को कसकर

दबा दिया गया
वह कविता
न शरीर है न आत्मा

आत्मा की कातर पुकार
नहीं सुन रहा कोई!

***

चारण काल में एक कविता

चू जाऊँगा
टपककर जर्दालू आम की बूँद-सा
टभक जाऊँगा
टाभ नींबू-सा
खखोरकर फेंक दिया जाऊँगा पपीते के बीज-सा
उतार दिया जाऊँ
लीची के छिलके-सा
खोंट लिया जाऊँ
बथुआ साग-सा
महाराज!

तुम्हरे द्वारे आनंद में भरथरी गाने आ जाऊँगा
मिरदंगिया बन जाऊँगा
झाल की तरह बजता रहूँगा
तुम्हरे द्वारे हरि कीर्तन में
पमरिया नाच नाचूँगा मुड़े की छठी में

महाराज!
नौकरी बजा दूँगा द्वारपाल की
या बिछ जाऊँगा गलीचे-सा तुम्हरे फर्श पर
महाराज
तमस में हाथी से कुचलवा देना
रही जात से बार देना

महाराज!
काली किरिया
बरम किरिया
देब किरिया
बिसहर किरिया
चारण ना बनूँगा तुम्हरी...

***

कैनवास पर चित्र

इतिहास की किताब से निकल कर
आता हुआ एक सुग्गा भूत की स्याह गाथा गाने लगा—
जिनके हाथों में सत्ता थी
वहाँ वादे थे या आश्वासन
इतिहास-चक्र धर्म-चक्र में
बदलने लगा
सुग्गे की बात पर ध्यान नहीं गया किसी का
सुग्गा भविष्यत उचार रहा था
महज इतिहास के बहाने
कि तब तो
परिचार-मात्र के लिए
या आदेशों के पालन के लिए
लिखी जाती थी—कविता
विचारों की हत्याएँ होती थी
जो अहिंसक थे या तो मार दिये गए
या मस्तक पर सड़े घाव का मवाद लेकर घूमते रहे
विचारहीन समय में

तर्कहीन और दिशाहीन सभ्यता का
नग्न नर्त्तन होता रहा
बहुत सारी टिटही, बटेर और बुलबुल की चीखें
इतिहास से वर्तमान में गूँजती रहीं
अब तो वे पंछी भी गायब हुए
विचारों की हत्याएँ होती रहीं
राजसत्ता और धर्म के खेल में
हत्या का समाज बन रहा था
हत्याओं की सत्ता थी
षड्यंत्र और हत्या का कोलाज
रचा गया विराट कैनवास पर
विचार को कभी समझ नहीं पायी सत्ता

और सत्ता में योजनाएँ बनती गईं
पर गायब था—जन
एक देश बनने से पहले
एक देश बनने के बाद
रक्तरंजित सबकुछ...

***

अतृप्त

उसकी अलसाई आँखों में
सूख चुकी थी नमी
एक परत पसरती सी
काग़ज़ की कतरनों के बीच से
चलती हुई निर्विकार
हलकी रोशनी में
नीली आँखों से
दिखता कोई शहर
जलपरी उदास है वहाँ
जिस्म में होती है
कातर हलचल

2

गहराती रात
शांति की तलाश में
उफनती जवानी में

उफनता आवारा मन
ठहरा हुआ चंचल चित्त
संदेह गहनतम

जगह थोड़ी नहीं
जहाँ प्रेम में
दो पैर चार पैर में बदल जाए

3

यह रात
अतृप्त चाहना-वासना में भीगी हुई
प्रतीक्षा है
भीतर बसी हुई
नग्न काया देख
जवान होता हूँ मैं
जिसे देखने की तीव्रतर चाह ने
भंग की है मर्यादा

असुरक्षित जीवन
निरस्थान स्वयं में
कोई जगह नहीं इतनी बड़ी दुनिया में
जहाँ
प्रेम, सुमति
जहाँ खुलापन
मेरी तरह करोड़ों लोग
अतृप्ति में
जीवन बिताकर
एक दिन चुपचाप
जीवन से बाहर चले जाते हैं...

***

अनात्म

समय के रीतते पात्र में
खौल रहा हूँ
अदहन-दहन
सुबह की ओसियाई
बूँद-सा झड़ गया हूँ
पत्तियों से छनकर
दिन के दरवाज़े पर
किबाड़ की कुंडी-सा
चढ़ गया हूँ मैं
शाम की धुँधलकी में
गोधुली बेला में
बैलों के साथ
लौट गया हूँ मैं
अंधियारे में रात भर
सुलग रहा हूँ
चूल्हे के बर्नाल-सा
मैं कोई एक अलग नहीं

जैसी दुनिया है
जैसे तुम हो
सबके बीच
सबके जैसा मैं भी हूँ

***

कामनाएँ

शांत-मौन
मुखर-प्रखर
चुपके चले
एक गीत
एक राग
जन जीवन
वीतराग
हौले-हौले बहे
पवन गति

उफनती गरमी के बाद
शांत रात में
हमारी भाषा में

2
कोलाहल
भीतर-भीतर

आतुर अंतर में
ढोलक पर ताल

रोशनी कदम-कदम
इच्छाएँ अनंत
त्वचा पर सिहरती रात
हृदय में सुस्त
शीतल
हिम-शिला-खंड
के भीतर से
कामनाएँ जीवन में
जल बूँद सी
टप-टप
टपक-टपक...

***

मेरा होना

गपौड़ियों के गप्प
मूर्ख-चापलूस
धूर्तों-क्षुद्रों के महासागर में
एक बदतमीज़ी है
बदमाशी है
मेरा होना

बेकार-बेवकूफों की
टुच्ची इच्छाओं के बीच
झक्ख मारना है
मेरा होना

सड़ियल-घटिया-निर्लज्ज
बेईमानों की आँखों में
खटकने के लिये
ज़रूरी है मेरा होना

जड़बुद्धि-पाखंडी-नफरती-उन्मादी
जुबान के ख़िलाफ़
ज़रूरी है मेरी भाषा में
लड़ना

मेरे होने को दो-चार
सिरफिरे लोगों की
कवायद मान लें
बहुत ज़रूरी है
मेरा होना...

***

सलामती

धूसड़ काली स्लेट पर
अब कोई हाथ उचकाकर
ब्रश नहीं फेरता
गुलदान में रखे फूलों को
बदलने का अब किसे समय है?

किसी दड़बे में जा छिपे
दुनियाभर के वैज्ञानिक
कवि और कलाकार

कोई खिड़कियाँ खोल दो
शीशे पर टंगे परदे हटा दो
गमले में पानी दे दो
किताबों पर जमी धूल हटाकर सैल्फ में रख दो
कुर्सिया सहेज दो
अख़बारों को हटा दो

बेजान समय में
एक अकेली बूढ़ी
महानगर के महानरक में
चुपचाप अपने समय के साथ मौजूद है
मौजूदगी ही उसकी गवाही है

किसी चीज़ की कमी नहीं है उसे
अपना सारा ईलाज
एक बड़े निजी अस्पाल में करवा लेती है
मगर बेबस है और पेंशन के सहारे ज़िंदा है

लाचार भी कि
दोनों बेटे एनआरआई हो चुके
और बूढ़ी माँ
गर्वोक्ति सुनाती है अँग्रेज़ी में
जब कोई मेरे जैसा मिल जाता है
सुबह पार्क में
मॉर्निंग वॉक में

यह बूढ़ी अम्मा
दिल्ली में है और
ओटावा की सलामती के
बड़े बेटे के लिए
मंगलवार का व्रत रखती है
बुध को कम नमक
गुरुवार को फलाहार
टोक्यो की सलामती के लिए
और शुक्रवार को
गुरु महराज के प्रवचन सुनती है
इनका ईश्वर भी इनको सुनता है

या मेरे जैसा कवि
जिसको अँग्रेज़ी में
बड़े गर्व से
अपने बेटे और बहू की
दास्तान सुनाती है जो
अगले साल अप्रैल में
आनेवाले हैं...

***

यातना जो मेरी

मेरे इर्द-गिर्द
एक कठोर सच
यातना के रूप में
मौजूद है

यातना जो मेरी
गर्दन मरोड़ती है
बनाकर दब्बू,
हर फटकार से डर पैदा कर
कि सहमकर रहूँ हमेशा

यातना जो मुझे
बार-बार मुझे अपनी ओर खींचकर
मेरे हृदय को धमकी देकर
मुझे हमेशा
कमजोर बनाना चाहती है
कि मैं हमेशा डरता रहूँ
अपनी प्रतिष्ठा बचाता हूँ डरकर

और
घुलती जा रही
ज़िन्दगी में यातना
कि मैं बना रहूँ
कायर आजन्म

यातना
एक शब्द है जो
एक हृदय में
रहता है
एक दृश्य है जो
उभरता है एक बिम्ब की तरह
एक नाद है
असंख्य ध्वनि मिश्रित

मुझे जिद है
विकल्प खोजने की
यातना के विरुद्ध
खुलकर विद्रोह करने की
हिम्मत जुटाने की

कि किसी दिन चिल्लाऊँ
इतना तेज कि
कि
यातना फटकर
चिथड़े हो जाए
मगर मैं,
ऐसा नहीं कर सकता...

***

काली

काली रात
मृत्यु की रात में
काली कोयल की कूक
काले श्मशान में
काला आखर
जगह-जगह

काली माँ
मंदिर से निकलकर
भूख से काला पड़कर
सूखकर पपड़ी पड़ चुके
होंठों वाले सही चेहरे को
पहचानकर
उसे थोड़ा
अन्न ज़रूर देना...

***

माँ, पूजाघर और जीवन

अनोखे लोक में
विचरती माँ
संशय, डर और गुनधुन का
समूचा कोलाज
उसे मालूम है कि
पूजाघर का फाटक खोलकर
अवतार ले लेंगे 'कल्कि'

एक बैकुंठ है
जिसमें विराजती है
माँ की यूटोपिया
जहाँ से टोकने पर ही
वापस आती है
आकर
दशावतार गाथा सुनाती है

हजार किलोमीटर दूर रहूँ माँ से
पर माँ की जलाई हुई धूप-अगरबत्ती

की गंध आती रहती है
कर्पूर, तेल और फूल की गंध
माँ की नई साड़ी से आ रही है

अगर समय पीछे चला जाता
मैं बच्चा हो जाता
तो माँ के आँचल में छिपकर
लुक्का-छिप्पी खेलता...

***

मूर्तन

पत्तों पर बरखा बूँदन की
टपटप टघार
कारी बदरिया के सपने हजार
कमरतोड़ आई महँगाई की मार
हिन्दी पट्टी का सूखा संसार
प्यार मुहब्बत ना दिल की बुखार
कल्पना लोक में क्या करते हो यार... ?
माय डियर यूटोपियन सुपरस्टार...

***

मायाजाल इंद्रजाल और हम

बेहोशी के पहले की
धुँधली स्मृतियों से
बेहोशी टूट जाती है
निहारता हूँ आकाश
कि उसके नीलेपन को कैद कर लिया है
बाज़ार ने

कडकड़ाता दर्द उभरता है
पैरों की एड़ियों से शुरू होकर
पूरी देह में—
अगिनबान-सा

आँखों के सामने
नर्तन करते—
तमाम टोने-टोटके संग—
—यमराज
प्रति क्षण प्रतिफल
मर्त्यलोक के सबसे बड़े श्मशान में

कुबेर का कुरूप शिष्य
सौन्दर्य का घोषित साधक बन
कुबेर के साथ नर्तन करते हैं...
हम सबको यमराज लाठी भाँजकर
लहूलुहान कर देते हैं
कुबेर जेब का धन चूस कर
खोखला करते हैं
झूठ-मूठ सार्वजनिक इश्तेहार है
जेबकतरों से सावधान

और 'हम'—उपभोक्ता
लुटपिट कर
घर वापस आकर
यम-कुबेर के मायाजाल में
बार-बार
फँसते चले जाते हैं
विराट इंद्रजाल में

बेहोशी में रोज़ाना
खोजता हूँ कुछ और
पर दिखता है अंधेर नगरी
चौपट राजा भी
पर भूल से भी मिलता नहीं
टके सेर भाजी, टके सेर खाजा...

***

शहर भागलपुर के नाम एक कविता

अबकी इस शहर की
उन्हीं गलियों में घूमा
जहाँ कभी
आवारागर्दी का माज़दा था
शर्बत और ठंढई के नशे में घोला हुआ था गप्प
चौकों पर
पान गुमटी में आबाद
क़िस्सों का संसार
वो नुक्कड़, घंटाघर
तिलकमाँझी चौक
सुंदरपुर चौराहा
टी.एन.बी. कॉलेज के
लड़के-लड़कियों की टोली
वो हँसी-ठहाके
बुजुर्गों की बातें, बीते ज़माने की

आवारापन में भागता हुआ
शहर भागलपुर
जहाँ कभी आदमी और लंगूर
साथ-साथ भागते थे
तसर सिल्क की तरह
मुलायम था जहाँ प्यार

अब तातारपुर में
इजलास मियाँ की जलेबी
रफ्फू मियाँ की चाय
मीठी नहीं लगती
परबत्ती चौक की झाल-मूढ़ी से
नमक-मिर्च गायब है

अब इस शहर में
बांग्ला के गीत,
मैथिली की लोकधुनें
अंगदेस की लोककथाएँ
सुनाई नहीं पड़ती
शरत्चंद्र फिर नहीं आए यहाँ
चन्द्रमुखी चेहरे की झुर्रियाँ और
जर्द होती देह संग
देव बाबू की याद लेकर
चली गई पताल-लोक
जोगसर के कोठे पर
पसर गया वीरानापन
चंपानगर और नाथनगर में

छा गया गर्द-गुब्बार
और उन्नीस सौ नावासी ने
बची-खुची शहरों की उम्मीदों की कमर तोड़ दी

कुल मिलाकर
अब यह शहर नहीं
शहर के नाम पर
महज औपचारिकता है
किसी भागी हुई लड़की का
पुराना पता है

***

वादा

भुरभुरी रेतीली ज़मीन पर
पड़ती जेठ की धूप
नदी किनारे कि तपती ज़मीन पर
भागता कदम—
मेरा और तुम्हारा
और जेठ की दोपहरी से
अपने आप हो जाती शाम
और गहराती शाम में
पानी की छत पर
नाव में जुगलबंदी करते हम
हौले-हौले बहते पानी से
सुनता कुछ—अनबोला निर्वात

तुम मुझसे लिपटती
लिपट कर चूमती
चूम कर अपने नाखून से
मेरे वक्ष पर लिख देती

प्यार की लंबी रक्तिम रेखा
...सि...स...कि...याँ...छूटने पर
तुम विदा माँगती

और जेठ की दोपहरी से
नदी किनारे से
रेतीली ज़मीन से
पानी की छत और नाव से
वादा करते कि...
—हम फिर मिलेंगे साथियों

***

गुलमोहर की छाँव

सन्नाटे में स्वाँस
जैसे चलती हवाओं का स्वर
जैसे हरे पेड़ का धरती को चुंबन
गुलमोहर के हाथ टूटे हुए
बिखरे हुए
एक प्यारी लड़की के फूल से हाथ में
रख देता गुलमोहर का लाल-लाल फूल
उसके जूड़े में खोंसता
इसी हरी पहाड़ी के नीचे
धूप की ताप के विरुद्ध
गुलमोहर की छाँव में

लाल गुलमोहर की छाँव हो तुम
जो मेरा बोधिवृक्ष है
जिस छाँव में गहराइयाँ टटोलता हूँ अपनी
रोम-रोम को धूप से बचाकर
दुनिया की नज़रों से आँख चुराकर

इसी हरी पहाड़ी के ताल में
इसी झील के किनारे
चलती हवाओं के साथ
इसी पत्थर पर बैठकर
गुलमोहर की छाँव में
तुम्हारी आँखों को पढ़ना चाहता हूँ

यह गुलमोहर सिर्फ़ एक पेड़ नहीं है
यह तो सभ्यताओं की कहानी है
आत्मा की कातर पुकार है
नि:शब्द गवाही देता है
प्यार की, पूर्णता की
सम्पूर्ण कर देता है
मेरा-तुम्हारा प्यार
यह गुलमोहर आँख है
बेहद प्यारी आँखें

तुम्हारी आँखें जैसी
इसके हरे पत्ते की छाँह से छनकर
आती धूप की टुकड़ियाँ
आँखें जैसी दीखती है ज़मीन पर
देह पर पड़ने पर
हजारों आँखें बनती हैं
समेट लूँ मुट्ठियों में
इन सभी धूप की टुकड़ियों को

आओ कि इतने दिनों से
यह गुलमोहर तुम्हारा साथ पाने को व्याकुल है
तुम्हारे माथे पर प्यार से
टपकेगा

एक-एक, लाल फूल
आँचल में भर और लाल हो जाएगा
माफ कर देना भूल-गलती
मेरा साथ
तुम्हारा साथ
अब हमारा साथ बनकर
गुलमोहर के साथ का
हिस्सा बन जाएगा

***

मैना के बहाने आत्मस्वीकारोक्ति

पीली चोंच में हजारों साल का दंश
हृदय के कोने से चेंहाकर
मिरमिरायी आवाज़
आर्त्तनाद में कई आतंक/कई संशय
वक्ष में छिपाकर
सामने चहकती मैना एक

अपने दल से अलग
पहाड़ी वनस्पतियों की हवा खाकर
उतरी है दरवाज़े के पास
कुछ कहना चाहती हो जैसे
अपनी गोल आँखों से
चोंच खोलकर चें...चें...
जैसे किसी को बुला बुलाकर थक गयी हो
कोई कातर पुकार

मैना के करीब जाकर
उसके दु:ख को टोहने की कोशिश करना चाहता हूँ

क्या पहाड़ के उजड़ने का उसे दुःख है?
या नदियों के पानी के सूखने की चिंता?
क्या हरियाली नष्ट होने का उसे दुःख है?
या विस्तृत आकाश पर छाई परायी सौतन सत्ता से परेशान है वो

ऐसे अनगिनत प्रश्नों से घिरता जाता हूँ
अगर मैं सालिम अली होता तो
सब समझ जाता
कालिदास होता तो
उसके दुःख निवारण हेतु
आषाढ़ मास के बादल का पहला टुकड़ा
उसके नाम कर देता
और उसके नायक के विषय में पूछता ज़रूर
बुल्लेशाह होता तो भी
उस हीर की आँखों को पढ़कर
उसके प्यार को समझता
और भी बहुत कुछ होता तो
बहुत कुछ करता

पर अभी जो कुछ हूँ
उससे इतना ही कह सकता हूँ कि
इस वक़्त ये मैना
बहुत दुःख में है
और हम हैं कि,
कुछ भी नहीं कर पाते इसके लिए
सिवाय इस कविता को लिखने के

***

दुनिया बदलने तक

लौट आओ पंछियों
कि सूरज तुमसे कई झूठ-मूठ वादे करके
छिप रहा है झील के उस पार
अंदाज़ा लगा रहे हैं
पहाड़ के नीचे खेलनेवाले बच्चें
कि सूरज ने दगा दिया पंछियों को
पर ये पंछी भी शाम को घर लौटते हैं
जैसे कि हम

कौन कहता है कि
कोई पहाड़, कोई मैदान, कोई झील
कोई किनारा नहीं बचेगा
जहाँ आज़ाद पंछी करेंगे प्यार

कौन कहता है कि
अब चिड़ियाँ नहीं जा सकेंगी
क्षितिज के उस पार
बड़ी-बड़ी इमारतों से

टावरों से टकराकर
जख़्मी हो जाएँगे पंख

चहको पंछियो कि
शाम ने कई रंगों को
शामिल कर लिया है
अपने चित्र में
पर उसके पास आवाज़ नहीं है
अपने दल-बल संग आओ
चहको इतनी तेज कि
हुक्मरानों के कान का पर्दा फटकर
चिथड़ा हो जाए

नाचो पंछियो
तांडव मुद्रा में कि
तुम्हारी नाच से
प्रकंपित हो जाये पृथ्वी

कौन कहता है
कि सारी चिड़ियाँ
बुवाइलरों में भरकर
भेजी जा रही है परदेश
जहाँ पिज़्ज़ा-बर्गर के साथ
तुम्हारा जायका लेंगे गोरे

पर अभी वक़्त की लापरवाही झेल रही है दुनिया
अभी समुंदर की अंगड़ाई से वाकिफ़ नहीं है दुनिया
अभी रोशनी क़ैद हो गयी है कोयला खदान में
अभी नदी की गहराई टटोल नहीं पायी है दुनिया
अभी मौसम उदास है इस दुनिया में

अभी नकली सूरज, नकली आसमान है
अभी जान की कीमत सिर्फ़ शमशान है

आओ पंछियो आओ
यह शहर, यह गाँव
तुम्हारे स्वागत में नहीं बजाएँगे ढोल
हम आएँगे तुम्हें लेने
तुम मेरे माथे पर फुदकना, कूदना
आज़ाद रहना
जब जी चाहे उड़ जाना

उड़ो पंछियो
पूरी आज़ादी से
कि समूचा आकाश तुम्हारा है
पानी तुम्हारी परछाइयों की आहट से बहता है
फसलें तुम्हारी चहकन से लहलहाती है
पहाड़ तुम्हें देखकर अंगड़ाइयाँ लेता है

जीयो पंछियों जुग-जुग
कि आदमी तुम्हारे सहारे ज़िंदा है
मौसम तुम्हारा गीत सुनकर जीता है
हवा तुम्हारे पंखों के स्पर्श से थिरकती है
युग तुम्हारे रूप को निहारकर

चुपचाप बीतता जाता है
मैं कहता हूँ कि
लौट आओ पंछियो
क्षितिज के उस पार से
रंग-बिरंग दल-बल लेकर
चहको चोंच-से ऊँचे स्वरों में

नाचो कि दिशा बदल जाए
आओ कि तुम्हारे संग खेलना है

उड़ो पंछियो दूर-दूर तक
कि जीना है जमकर
चहकना है कसकर
उड़ना है गा-गाकर
दुनिया बदलने तक...

***

चंद्रगंधर्व की अप्सरा

मंगलाचरण

भूलोक
भुवर्लोक
स्वर्गलोक
और आकाश से पाताल तक
अंतरिक्ष और ब्रह्मांड की
समस्त शक्तियों से प्राप्त सुंदरता
प्रकृति बनकर या प्रकृति से प्राप्त
ऊर्जा के रूप में विद्यमान है
एक ही नाम—
सुंदरतम
दिव्य
अलौकिक स्त्री—
अप्सरा...
एक ही नाम—
मंगलमयी अप्सरा

सुमिरन करो कि
प्रकट हो जाए अप्सरा
अप्सरा आए तो
गुलाब का फूल देना
गुलाब का इत्र देना
पान देना
उसे साधकर और
उसे प्राप्त कर
थोड़ा और
बेहतर हो सकेगा संसार

यहागच्छ
गंधर्वों की संगिनी अप्सरा
गंधर्व और अप्सरा
यानी पुरुष और प्रकृति
कला और कलाकार
नितांत रूपवती स्त्री
यूनानी ग्रंथों की निफ
केवल इंद्र की सुकुमार मोहक प्रहरण
या आह्लादिनी नहीं
जल-थल में विराजने वाली
हाथ में जल से भरे हुए पात्र लेकर
तालाबों में पंछियों के रूप में तैरने वाली
जंगली जलाशयों में
नदियों में
समुद्र में
समुद्र के भीतर
वरुण लोक में
कला सौंदर्य की देवी अप्सरे

प्रथमतया प्रकट होकर
कलाहीन धरती को
सौंदर्यमय कर दो

तुम्हें साधना
कविता में संभव नहीं
रसायन किया तंत्र से
हमारे लोकतंत्र को सुरक्षित रखने
इस अंधकारपूर्ण धरा को
अनिंद्य सुंदरता से जगमग कर दो

यहतिष्ठ
शांत जल में
कंकड़ मारने भर
विक्षोभ उत्पन्न कर रही थी मेरी कविता
जिससे कोई और काम नहीं लिया जा सकता

जलाशय, नदी, समुद्र और अन्य जल तटों पर
जाने को व्याकुल हो मन
या जल देव के महल में
कि किसी जल तट पर
अश्वत्थ और न्यग्रोध वृक्षों पर झूले झूलती
कर्करी वाद्य की मीठी धुनों संग
आभासी जादुई स्पर्श
और उस शक्ति में खो जाता
मम से ममेत्तर
अहम से इदम
न माया न ब्रह्म
न छल न छद्म
दिव्य अनुपम स्त्री

जिसकी शक्ति के आगे नतसिर
फारसी की हूरी
अरबी की हवरा
संस्कृत की अप्सरा
दुनिया की हर भाषा के कवियों की प्रेयसी

हरेक पुरुष के अंतस और
चेतना के काग़ज़ पर
आदि-अनादि काल से
लिखा है एक स्थायी नाम
अप्सरा
सौंदर्य और कला की देवी
जैसे वीणा पर पखावज की संगत
जैसे बाँसुरी पर तबले की थाप
राग-थाट में बंदिश

कि लिखना चाहता था
क्षुधातुर व्याकुल तप्त धरा
सम्मुख प्रकट थी
चंद्रगंधर्व की अप्सरा
चिर साधना रत
पीत कक्ष में
पीत वस्त्र में
शुक्र रात्रि में
गुप्त

चरवैति
साधना के ग्यारहवें दिन
चहुँओर ग्यारह गुलाब पुष्प

पूजा की थाल में
गुलाबी इत्र से उन्मत्त
नशे में डूबा कक्ष
स्फटिक माला पर मंत्रोच्चार
अप्सरा साधना मंत्र अनवरत
स्फटिक माला की चमक
टुकड़े में मेरे चेहरे पर
और चहुँओर
क्षीण प्रकाश संग
रिलमिल-रिलमिल
दीये की बाती की लौ
और मेरी आँखें
साथ-साथ जल रही
और मैं रत...
मैं रत... रत... साधनारत...
मंत्र की गूँज होंठों से

बाहरी डरावनी आवाज़ से अलग
शुक्र रात्रि किसी न्यायाधीश की तरह
न्याय करती रही
वैशेषिक नैयायिक दार्शनिक की तरह

केवलम्
मैं और मेरी दुनिया के तमाम लोग
भूख से व्याकुल
प्यास से व्याकुल
शरीर को अनथक यात्रा से
वापस लाते हैं धीरे-धीरे
कामना इतनी कि सुरक्षित रहें
खुशहाल रहें

देश-दुनिया के लोग
इच्छा एकमात्र से मैं
कि सबको अन्न-वस्त्र-गृह
कम-से-कम
मैं और मेरे साथी
तंत्र साधनालीन
तंत्र-मंत्र, जादू-टोना
केवल वाह्याचार
केवल पापाचार
केवल व्यभिचार
केवल चमत्कार
संसार के लिए
सुंदरतम कविता के लिए
अन्न पानी तेल के लिए
सीमाहीन प्रेम
उन्मुक्त वसुंधरा

आरोहन
पंछियों के कलरव ने
झरने के पानी में
उड़ेल दिया गीत
उस पानी को पीकर
किसी पेड़ के नीचे
बाट-बटोही
आराम कर सके

श्वेत हिमालय की काली कंदरा
संयम और धैर्य सीमाहीन
परीक्षा जल-पात्र की
अग्नि-पात्र की

आकृष्ट करती रही
चरम आकर्षण से
मुक्त करो अप्सरे
मुक्ति दो
चरम अंधकार से
कट विकट मारकाट से
अपराध से
षड्यंत्र से
अतिरेक से
हिंसा से
उन्माद से
जाति-धर्म-लिंग से
नस्ल से
मुक्त करो
एकल सम्राट से
भयभीत प्रजा को मुक्ति
मानुस भेद हरो
हमारे जलते वर्तमान पर
वर्षाजल-सी बूँद-बूँद टपक जाओ

अकाल मृत्यु हमारे
समय की कविता का
सबसे भयानक शब्द
कृषक आत्महत्या
सबसे त्रासद यथार्थ
महत्त्वहीन श्रम
ज्ञान ऋणात्मक
अप्रभावी गणनायक
निरर्थक गणतंत्र

व्यर्थ सारे मुद्दे
प्रलापमात्र राजनीति
असत्य दूरदृष्टि
हर ग्राम व्याकुल
हर नगर में घमासान
हर जनपद अशांत
महाराजधिराज सात समुद्र पार
अर्थ-समाज-न्याय-तंत्र
अस्त-व्यस्त-पस्त

आवाहनं
आओ अप्सरे
निरंकुश सत्ता के अनुचरों से
पद दलित जन के प्राण को
अंतस के आलोक से
जगमग कर दो
ओ चंद्रगंधर्व की अप्सरा

कौलिक क्रिया या कौलाचार
कोई विकल्प नहीं
पर क्या करूँ कौलाचार या कविता
और हमने कविता को हथियार बनाया

साधना का अंतिम क्षण
सारी सामग्री अर्पित कर
असंख्य प्राप्ति के निमित्त
बुदबुदाते मंत्र
उस गंधर्व की संगिनी को साधने
जिस गंधर्व ने
पृथ्वी को दिया संगीत

जिस गंधर्व के
नृत्य और गायन कौशल से
आलोकित धरा
अग्नि गंधर्व की नहीं
जलवायु गंधर्व की नहीं
चंद्रगंधर्व की अप्सरा
अप्सरा केवल मेनका रंभा उर्वशी नहीं
जिसके लिए अपव्यय हो
समस्त कवियों की ऊर्जा
क्रीतस्थली, पुंजीकस्थला
प्रम्लोचा नहीं
धृताची, वर्चा नहीं
पूर्वचिति और तिलोत्तमा नहीं
अनुचना-अंबिका-अलम्बुषा नहीं

चंद्र ज्योत्सना
शुभवसना मुक्तकुंतला
चंद्रगंधर्व की अप्सरा

स्वस्थानम्
मारण, मोहन, स्तंभन, विद्वेषण,
उच्चाटन, वशीकरण, आकर्षण
अप्सरा साधना का
रसायन क्रिया तंत्र
अप्सरे
अप्सु सरति गच्छीति
कि हमारे आस-पास
या तो जल-बूँद पाने को
तड़प रहे हैं जल और वन प्राणी
या जल-प्रलय से आप्लावित

कविता में सूर्य
व्यवहार में चंद्रमा
षोडशी शृंगारमयी
चट्टानी इच्छाशक्ति
आकाश-सी विस्तृत
ओजस्विनी
श्वेतस्विनी
उर्जस्विनी
वीरागुने
वीरांगना
सुवासिनी
जिसके सुवास से
वाष्पित था हिम
जिसके प्रभाव से
प्रकृति अपने राग में गाती थी
जिसके अनुराग से
जलवायु परिवर्तन
जिसकी अनिंद्य सुंदरता पर
मुग्ध था वायुमंडल
लिखना चाहता था सीताघड़ा
लिखना चाहता था वाग्धरा
सामने प्रकट हो गई चंद्रगंधर्व की अप्सरा

आओ अप्सरे मुझे सँवारो
और बेहतर
और वृहत्तर मानुस बनाओं

कैवल्य
कौलाचार में

उस गंधर्व-लोक में
जिसके गायन
और नृत्य-कौशल के सम्मुख
देवगण समर्पित
मंत्रमुग्ध संसार
जिससे कला माँगता हो
जिसने संसार को कला दी
और दिया मुक्ति का संकल्प
गंधर्व की संगिनी
चंद्रगंधर्व की अप्सरा
आओ कि मेरा देश
कलाहीन हो चुका है
मेरा संसार वृक्ष विहीन है
मेरे लोक में
हाहाकार और त्राहिमाम
करती प्रजा को
कला सौंदर्य और जीवन से भर दो

उन्माद से पटी धरा
रक्त लोलुप शक्तियाँ की
जल क्रीड़ा
रक्त में पिपासुओं ने
लाल कर दी धरा
अब इसी संसार में रहो
शापित जीवन जीयो
चंद्रगंधर्व की अप्सरा!

***

आतम-गियान

महान वेधशालाओं में
किए गए परीक्षण
विचारों के सबसे बड़े स्कूल से प्राप्त ज्ञान
के आधार पर
सभ्यता में दुमुँही चाल चलता
चालाक आदमी
जिसकी चमकती हुई शातिर आँखें
बेहद मीठी जुबान और मुस्कुराता हर बात पर

वह दुनिया का सबसे अमीर
सबसे बड़ा नेता, अधिकारी हो सकता है
वो दुनिया का सबसे चालाक आदमी हो सकता है
पर वो सिर्फ़ आदमी
और
उसमें कवि नहीं हो सकता...

***

कुछ रोज़मर्रे

समय पर सोना
समय पर जागना
दफ़्तर जाना
समय पर घर वापस आना
समय पर बाज़ार जाना
एक दुनियाबी आदमी के लिए बहुत ज़रूरी है
समय पर आदमी बन जाना

समय पर बीमा भरना
बिजली-पानी बिल भरना
समय पर मकान का किराया देना
समय पर खाना-पीना
संभव है समय पर प्यार करना
असंभव है बस समय पर
कविता लिखना

***

कुछ होना कविता होना नहीं है

कुछ बेपरवाह
कुछ संतुलित
कुछ रोगी-भोगी-योगी
कुछ शांत-अशांत-प्रशांत
कुछ स्वस्थ-निरोग
कुछ मीठा-खट्टा-खारा
कुछ सही-गलत

कुछ होना भी कविता होना नहीं है
कुछ पागलपन है कवि होना
कुछ बीमारी है
कुछ खास लोग ऐसा कहते हैं...

***

उस दिन की प्रतीक्षा में

मुरझा जाएँगे सूखे फूल सारे
पानी किसी अनजान लड़की-सा
बहने लगेगा मेरे भीतर
और ट्राफिक सिग्नल देंगे पेड़
उस रास्ते के लिए
जहाँ हरियाली अवसाद से निकाल खींच लेगी
अपना वजूद
वसंत उस वक्त
पूरी जवानी में झूम-झूम गाएगा मालकौंस
भैरवी ठाठ में
दिन के सातवें पहर में

पतीले में माँ लगाएगी लेवा
अदहन उबलने से पहले
चावल गिरने से पहले

और हम निकलेंगे बाहर
होशो-हवास में

हमारे पास कहने-सुनने और चल पड़ने का
बचेगा विकल्प
उस दिन दिशाओं में गूँजेगी
हमारी आवाज़
पहाड़ अपनी सबसे ऊँची चोटी से
कविता पढ़ेगा
शंखनाद की तरह

अन्तरिक्ष की विराट सत्ता में
दिन का समूचा प्रकाश
रात का सन्नाटा
बहती हवाओं की फड़फड़ाहट
और हमारा रक्त
पेड़ की छाल के नीचे से बहेगा
तब हमारे पास दुनिया बदलने की
पूरी ताकत होगी

उस दिन घोषणाओं के बजाय
कोई उदास नहीं होगा
किसी का दिल नहीं टूटेगा
कोई भूखा नहीं होगा
गोदाम में नहीं सड़ेंगे अनाज
कोई हत्या नहीं होगी
ना हत्यारा आवारा घूमेगा

उस दिन से हर बच्चों के हाथ में किताब होगी
आँखों में चमक
उस दिन से कोई अस्पताल नहीं जाएगा
ना कोई न्यायालय
ना थाना

तो साथियों,
क्या कोई ऐसा दिन
हमारे हिस्से में आएगा
जिस दिन किसी को
प्रार्थना ना करनी पड़े
अपने-अपने वास्ते
अपने-अपने ईश्वर के आगे
गिड़गिड़ाना ना पड़े?...

***